BEI GRIN MACHT SICH IHR WISSEN BEZAHLT

AF136967

- Wir veröffentlichen Ihre Hausarbeit, Bachelor- und Masterarbeit

- Ihr eigenes eBook und Buch - weltweit in allen wichtigen Shops

- Verdienen Sie an jedem Verkauf

Jetzt bei www.GRIN.com hochladen und kostenlos publizieren

Bibliografische Information der Deutschen Nationalbibliothek:

Die Deutsche Bibliothek verzeichnet diese Publikation in der Deutschen National-bibliografie; detaillierte bibliografische Daten sind im Internet über http://dnb.d-nb.de/ abrufbar.

Impressum:

Copyright © 2017 GRIN Verlag
Druck und Bindung: Books on Demand GmbH, Norderstedt Germany
ISBN: 9783346084170

Dieses Buch bei GRIN:

https://www.grin.com/document/510521

S.-M. T.

Verkaufsmanagement anhand eines Sportstudios

Überarbeitung bzw. Analyse eines bestehenden Unternehmens

GRIN Verlag

GRIN - Your knowledge has value

Der GRIN Verlag publiziert seit 1998 wissenschaftliche Arbeiten von Studenten, Hochschullehrern und anderen Akademikern als eBook und gedrucktes Buch. Die Verlagswebsite www.grin.com ist die ideale Plattform zur Veröffentlichung von Hausarbeiten, Abschlussarbeiten, wissenschaftlichen Aufsätzen, Dissertationen und Fachbüchern.

Besuchen Sie uns im Internet:

http://www.grin.com/

http://www.facebook.com/grincom

http://www.twitter.com/grin_com

Deutsche Hochschule für

Prävention und Gesundheitsmanagement

Hermann Neuberger Sportschule 3

66123 Saarbrücken

Einsendeaufgabe

Fachmodul:	Verkaufsmanagement
Studiengang:	Bachelor Fitnesstraining
Datum **Präsenzphase**	**31.07.2017-02.08.2017**
Studienort:	**Frankfurt**
Semester:	**Wintersemester 16/17**

Inhaltsverzeichnis

Tab. 1: Klassifizierung des J's Sports & Health Club

Name der Anlage und Standort (Stadt/Gemeinde):	J's Sports & Health Club
	Klassifizierung/ Einordnung
Anlagenstruktur:	Gemischtes Studio
Größe der Anlage:	750-1499 qm
Preisstruktur der Anlage:	30,00€ - 59,99€
Beschreibung der Kernleistungen (siehe Aufgabe1):	Verkauf von Mitgliedschaften und Kundenbetreuung

1 Verkaufsmanagement

1.1 Verkaufsorganisation

Tab. 2: Kernleistung des J's: Verkauf von Mitgliedschaften

Stufe	Was passiert?	Beschreibung
1	Vorbereitung	Kunden einen Tag vorher anrufen und Termin bestätigen lassen: „Ich freue mich.."; Zeitplan organisieren; Stift, Zettel und Flyer mit Tarifoptionen bereitlegen; vorhandene Informationen über Kunden kennen → individuelle Vorbereitung; aktuelle Angebote kennen; Erscheinungsbild checken; überzeugend, offen und nett sein
2	Kontaktaufnahme	Mit Lächeln, Namen und Tätigkeit begrüßen; „Duzen"; Getränk und Platz im ruhigem Sitzbereich anbieten; 1. Eindruck zählt
3	Aufbau persönlicher Beziehung und Informationen sammeln	Kunde sitzt 90° zum Verkäufer; Informationen sammeln: vorher trainiert? Anderer Sport? Etc. → Gemeinsamkeiten finden oder Verständnis zeigen; Vertrauen schenken; Warum/Wie bei uns gelandet? Was ist ihm wichtig im Studio? Eventuelle Probleme?; auf Körpersprache, Mimik, Gestik achten → eigene anpassen, nicht spiegeln
4	Studioführung und evtl. Probetraining	Führung (wenn Studio unbekannt); herausfinden wann, wielange und wie er trainieren möchte; Probetraining durchführen, danach noch Probleme/ Fragen? → Lösung anbieten; Fragen was gut gefallen hat
5	Angebotspräsentation	Vorstellen welches Angebot was beinhaltet; Vorteile vom Angebot, welches man verkaufen möchte besonders hervorheben; Bezug zum Kunden herstellen → Problemlösung; Angebot bestätigen lassen: JA
6	Preispräsentation	Preis nennen, TGS-Schlüssel-Preis nennen, dazu mögliche Rabatte: Aufnahmegebühr entfällt; Vorteil: private Trainerstunden sind jederzeit kostenlos mit im Preis enthalten
7	Abschluss	Vertrag durchgehen und bestätigen lassen; nicht zu viel versprechen; realistisch, humorvoll und fachlich bleiben
8	After-Sales-Phase	Eventuell zusätzliche Pauschalen (Getränke, etc.) zubuchen lassen, Vorteile hiervon nennen; evtl. den Vertrag ergänzen
9	Alles zusammenfassen und verabschieden	Termin für Geräteeinweisung machen; offene Fragen? → klären; „Freuen uns auf bald"

1.2 Vergleich mit den 13 Stufen des Verkaufs

In der folgenden Tabelle erfolgt eine Gegenüberstellung der 9-Stufen des Verkaufs im J's Sports & Health Club und den 13-Stufen des Verkaufs (Plünnecke & Schlaffke, 2017, S.15-39, die dieses im Studienbrief „Verkaufsmanagement" beschreiben). In der hinteren Spalte, werden die Unterschiede beschrieben bzw. erklärt warum Abweichungen vorhanden sind. Der Hauptgrund für die Abweichungen sind im J's jedoch, dass es einerseits keinen vorgegebenen, schriftlichen oder geschulten Ablauf gibt. Man bekommt es mehrfach erklärt und sitzt am Anfang bei Kollegen dabei und lernt eher durch das Zuschauen und bildet sich darauf dann wieder eine eigene Variante, die erfahrungsgemäß am Besten funktioniert. Andererseits gehen alle Mitarbeiter in der Praxis etwas anders vor, als theoretisch vorgegeben, um auch auf die Individualität der Kunden eingehen zu können.

Tab. 3: Vergleich J's Stufen und 13 Stufen des Verkaufs

13- Stufen	9- Stufen	Erklärung der Abweichung
1.Vorbereitung	1. Vorbereitung	Stufe stimmt größtenteils überein, im J's kommt in dieser noch die Terminbestätigung vorweg, um den Termin zu sichern und dem Kunden zu zeigen, dass dem J's der Termin auch wichtig ist
2. Kontaktaufnahme	2. Kontaktaufnahme	Stimmt überein (Beschreibung s.o.)
3. Aufbau einer persönlicher Beziehung	3. Aufbau persönlicher Beziehung und Informationen sammeln	Stimmt größtenteils überein, im J's wird hier schon eine grobe Bedarfsanalyse durchgeführt
4. Durchführung Bedarfsanalyse	n.V.	Im J's findet die Bedarfsanalyse nicht so strukturiert und gelernt statt, sondern eher nebenbei mit ein bis zwei Fragen in Stufe 3, auch die Einwandvorbehandlung findet im J's nicht statt
n.V.	4. Studioführung und evtl. Probetraining	In den 13 Stufen nicht vorhanden, im J's an dieser Stelle, um dem Kunden einen Eindruck von der Trainingsfläche und -atmosphäre zu geben und ihn mit unserer 'Ruhe' zu überzeugen. (Zeichnen uns vorallem damit aus, dass man seltenst auf Geräte o.ä. warten muss)
5. Durchführung Angebotspräsentation	5. Angebotspräsentation	Stimmt überein
6.Angebots- und Bestätigungsstufe	n.V.	in Stufe 5 im J's enthalten, wird nicht exakt getrennt, passiert eher alles gleichzeitig in der Praxis
7. Entschluss für Fitness-und Gesundheitsangebot	n.V.	Am Ende von Stufe 5 enthalten, die meisten Kunden fangen an zu nicken und „ja" zu sagen, dann geht's zur Preispräsentation über
8. Preispräsentation für Mitgliedschaft	6. Preispräsentation	Stimmt überein
9. „Ja" für Mitgliedschaft	n.V.	in Stufe 5 enthalten, wird durch das Nicken abgenommen, wenn einem Kunden das Studio wirklich gefällt ist er so gut wie immer bereit auch den Preis dafür zu zahlen, es werden keine „Ja-Fragen" gestellt
10. Preispräsentation Starterpack	n.V.	Es gibt kein Starterpack, es gibt nur eine Aufnahmegebühr, welche allerdings jeden Monat wegfällt als 'Aktion'
11. Vorabschluss	n.V.	Wird übersprungen, legen direkt Vertrag vor, da weiteres Gerede viele Kunden wieder verunsichert
12. Abschluss	7. Abschluss	Stimmt überein, unter Abweichende Vereinbarungen noch evtl. Partnertarif dazutragen oder TGS-Schlüssel Preis
13. After-Sales-Phase	8. After-Sales-Phase	Stimmt überein, Getränke-/ Handtuchpauschale dazubuchen? Wenn nein nächste Stufe, Wenn ja mit in Vertrag aufnehmen
n.V.	9. Alles zusammenfassen und verabschieden	In den 13 Stufen gehört die Verabschiedung mit in die After-Sales-Phase, im J's ist es eine extra Stufe, wo der nächste Termin vereinbart wird, alles zusammengefasst wiederholt wird und der Kunde mit einem „Freue mich auf (z.B.) Dienstag..." verabschiedet wird

1.3 Verkaufsprozessoptimierung

Im J's Sports & Health Club existiert eine äußerst gute Abschlussquote und das Unternehmen zielt nicht auf die Quantität der Mitgliederzahlen ab, sondern darauf eine spezielle Atmosphäre zu schaffen und zu halten. Daher gibt es auch eine bestimmte Zielgruppe, die als Mitglieder gewinnen werden sollen und, unterschwellig genannt, andere Interessenten, die nicht dort ins Trainingsklientel passen und dementsprechend sich hier weniger Mühe im Beratungsgespräch gegeben wird.

Abgesehen hiervon, könnte der Verkaufsprozess optimiert werden, indem zuallererst ein Ablaufplan für Verkaufsgespräche entwickelt und allen Mitarbeitern zur Verfügung gestellt wird, damit mehr Einheit und Kontrolle in solchen Gesprächen herrscht. Des weiteren wäre es sinnvoll, Trainings oder Rollenspiele für die Verkaufsituationen durchzugehen, um mehr Sicherheit und Übung zu geben. Allgemein sollte mehr Struktur geschaffen werden, um die Abschlussquote nochmals zu verbessern.

Eine korrekte Bedarfsanalyse sollte erlernt und durchgeführt werden, um besser auf die Bedürfnisse und Wünsche des Kunden eingehen und reagieren zu können. Um mit den herausgefilterten Bedürfnissen arbeiten zu können, wäre es sinnvoll das SPIN-Konzept (ebda., S.450, nach Plünnecke & Schlaffke, 2017, S.26-27) zu nutzen. Durch Situations-, Problem-, Implikations- und Nützlichkeitsfragen wird dem Kunden durch den Verkäufer der ausdrückliche Bedarfs klar gemacht.

Die Angebots- und Bestätigungsstufen können bewusster bzw. kontrollierter durchgeführt werden, damit alle Mitarbeiter den Kunden die Angebote auf die gleiche Art und Weise vorstellen und ihnen klarer wird, wie wichtig es ist, das richtige Angebot für den Interessenten zu finden und sich dieses von ihm bestätigen zu lassen und nicht nur „aufzuquatschen". Durch die eigene Bestätigung kommt bei dem Käufer nicht so schnell die Reue auf, als wenn er das vorgelegte Angebot nur unterschreibt.

Letzteres sollte über die Einführung eines Starterpakets nachgedacht werden, wodurch der Kunde dann auch Werbekarten für Freunde o.ä. erhält. Die zusätzlichen Einnahmen dieses Pakets könnten zum Teil als Mitarbeiter Provision ausgezahlt werden, wodurch diese dann motivierter in die Verkaufsgespräche gehen und mit mehr Eigeninitiative einen Abschluss einholen möchten.

2 Kundenorientierung

2.1 Konzept der Selbstkonkordanz – Transformation der Modi

Im folgenden Text wird beschrieben, wie ein Kunde die verschiedenen Modi der Selbstkonkordanz (modifiziert nach Göhner & Fuchs, 2007, nach Plünnecke & Schlaffke, 2017, S. 45) durchläuft und mit welchen Strategien man ihn dabei unterstützen kann.

Zuerst muss beachtet werden, dass der Kunde bevor er sich zu einer Mitgliedschaft entschließt, schon eine Verhaltensänderung vollzogen hat. Er hat sich entschlossen sein Verhalten in der nächsten Zeit zu ändern, meistens befindet er sich hier im **externalen Modus**, dass heißt das die Motivation etwas zu ändern, von außen kommt (z.B: Beitragsrückerstattung von der Krankenkasse).

Um ihn nun in den **introjizierten Modus** zu treiben muss man die Strategie verfolgen, dem Kunden klarzumachen, dass das Sporttreiben ihm gut tun und er es weiterhin machen sollte. Maßnahmen hierzu wären, eine Kosten-Nutzen-Analyse, um ihm die positiven Konsequenzen klarzumachen bzw. die negativen Folgen bei Abbruch der sportlichen Aktivität. Eine weitere Maßnahme wäre ein körperlicher Check-Up, wie es um seine Gesundheit und seine Fitness steht und dies festzuhalten.

Nun sollte der Kunde bereits aktive Handlungsversuche unternehmen, die notwendigen Veränderungen einzuführen, wie z.B. regelmäßige Trainingstermine. Er sollte hier in den **identifizierten Modus** übergeleitet werden, wo er beginnt aus seiner inneren Veranlassung heraus zu trainieren und dies auch beizubehalten. Strategisch gesehn, muss man es hier unterstützen, dass der Kunde selbst merkt, wie sehr der Sport seiner Gesundheit gut tut und daher auch dabei bleiben möchte. Maßnahmen, um ihn hierzu zu motivieren und ihm das Ergebnis weiter vor Augen zu führen, wären z.B. Re-Checks, wo er seinen Fortschritt zum Anfangscheck sehen kann und wieviel leichter ihm manche Übungen eventuell fallen. Desweiteren könnte man ihm eine „Alltagsliste" mitgeben, wo er aufschreiben/ ankreuzen kann, was ihm wieviel leichter fällt, z.B. das Tragen der Einkaufes in den 5. Stock o.ä..

Der letzte Schritt ist ihn in den **intrinsischen Modus** zu begleiten. Hier ist die Strategie ihm klarzumachen, dass er den Sport treibt aus reinem Spaß und nicht mehr, weil er sich zwingt hinzugehen. Maßnahmen hierzu wären, ihn mit dem sozialen Trainingsumfeld in besseren Kontakt zu bringen, entweder durch Kurse oder durch Vorstellen anderer Mitglieder. Oder ihn kleine Wettkämpfe entweder mit sich, Leistungssteigerung zum letzten mal, oder mit einem anderen Mitglied durchführen zu lassen. Am optimalsten wäre die Findung eines Trainingspartners oder Stammkurses.

2.2 Kundenbindung

In den ersten 5-12 Wochen nach Mitgliedschaftsbeginn ist die Abbruchwahrscheinlichkeit des Trainings am höchsten. Zunächst erlebt der Kunde durch sein Mangelbedürfnis ein Motivationshoch, wonach er aber schnell in das sogenannte „Motivationsloch" fallen kann, da er keine ausreichenden Ergebnisse mehr sieht oder seinen individuellen Nutzen aus den Augen verliert. Da in diesem Motivationsloch der Kunde nicht mehr zum Training kommt und die Kündigungsgefahr am höchsten ist, sollte man im Unternehmen versuchen rechtzeitig vor diesem Loch zu warnen bzw. präventiv dagegen zu arbeiten.

Eine erste Maßnahme wäre, regelmäßige Termine mit dem Kunden durchzuführen. In diesen Terminen werden dann die Fortschritte und der Trainingsplan kontrolliert und aktualisiert, damit Langeweile oder Stagnation gar nicht erst entstehen kann. Es sollte beachtet werden, ob die gesetzten Ziele noch nach der „SMART-Formel" (Voss, 2006, S.71, nach Plünnecke & Schlaffke, 2017, S.47) gestellt sind. Somit kann Unzufriedenheit oder unrealistischen Vorstellungen aktiv vorgebeugt werden.

Bei einem nahe der Einweisung folgenden Begleittermin sollte man den Trainierenden über das Motivationsloch aufklären und ihm sagen, er solle sich melden, sobald er Unzufriedenheit oder Demotivation spürt und es ihm schwerer fällt zum Training zu kommen. So kann man rechtzeitig Maßnahmen dagegen unternehmen und den Kunden wieder mehr motivieren und ihm seine Beweggründe für die Trainingsfortsetzung vor Augen führen.

Des weiteren sind Aktionen, wie Sommerfeste o.ä. eine gute Möglichkeit das Mitglied stärker an das Studio zu binden, da es sein soziales trainierendes Umfeld trifft und durch die Einladung signalisiert bekommt, dass es dem Studio wichtig ist und Zeit mit ihm verbracht werden möchte.

Ein ähnliches Ergebnis ergibt sich, wenn man die Kunden in Kurse schickt bzw. Kurse empfiehlt, wo eine ähnliche Zielgruppe trainiert (z.B. Rückenfit-Kurs für Ü50). So knüpfen sie dort soziale Kontakte und können evtl. einen Trainingspartner finden und sich gegenseitig motivieren. Dazu gibt ein regelmäßig besuchter Stammkurs ein gewisses Gefühl der Verpflichtung zum trainieren zu kommen.

Damit der Kunde auch Sport aus Spaß an der Sache treibt und so schnell wie möglich in den intrinsischen Modus wechselt und auch dort bleibt, sollte der Trainer regelmäßig die Vorteile des Trainings aufzeigen und die Fortschritte und erreichten Ziele loben. Für die Eigenmotivation kann auch ein „Fortschrittkalender" mit Fotos, Problemreduktionen etc. geführt werden, um dem Kunden auch die Eigenverantwortung und die Möglichkeit jederzeit seinen Wandel sehen zu können, zu geben.

2.3 Zusatzverkäufe

Am meisten Zusatzverkäufe im J's Sports & Health Club finden am Tresen statt, wo z.B. Liquidgetränke, Eiweißshakes und Fitnessriegel verkauft werden. Die Liquidgetränke, sowie zwei Handtücher bei jedem Besuch können als Pauschalen auch zu den Verträgen hinzu gebucht werden. Ca. 70% der Mitglieder haben diese Pauschalen von Beginn an, da diese auch eher im Verkaufsgespräch beworben werden. Die Shakes, sowie die Riegel sind nur im Einzelkauf zu erhalten und werden am meisten im Studio beworben, da hier die höchsten Zusatzeinnahmen gebucht werden.

Ein weiterer Zusatzverkauf ist das Personal Training, welches ausschließlich von dem Chef durchgeführt wird und worüber es keine öffentliche Preisauskunft gibt. Hier wird meist in einem extra Kursraum oder zu ruhigen Zeiten gearbeitet, um dem Kunden eine optimal genutzte Stunde bieten zu können.

Über einen Kursraum wird zusätzlich Umsatz gemacht, da er im Winter an externe Kurse vermietet wird, die im Sommer draußen stattfinden. Diese Kursteilnehmer kaufen in dieser Zeit oftmals 10er Karten, um ergänzend trainieren zu können.

Neue Möglichkeiten dem Unternehmen Zusatzeinnahmen einzubringen, wäre zum einen die Anschaffung eines Solariums. Dieses würde eine äußerst breit gefächerte Zielgruppe ansprechen und würde enorme Zusatzeinkünfte bringen, da es sehr gefragt ist. Sowohl von Mittzwanzigern, als auch von Endfünfzigjährigen wurde schon mehrfach angefragt, ob es nicht möglich sei ein Solarium in unser Studio einzubauen. Dieser Wunsch begründet sich auf den unterschiedlichsten Interessen, einerseits das braune Aussehen, andererseits weil Ihnen einfach die Sonne fehle oder es bei Ihnen für eine bessere Haut sorge. Von Vorteil wäre, dass die Kunden laut Umfragen auch bereit sind bis zu 8 Euro für 12 min Laufzeit zu zahlen (vgl. Sonnenstudio 20min= 5€).

Zum Anderen wird im Studio mit den Geräten von „TechnoGym" gearbeitet, welche im Cardio-Bereich alle mit TV/ Radio ausgestattet sind. Hier kann man Ohrstöpsel per AUX-Anschluss mit den Geräten verbinden und an einem Cardio-Tag nebenbei Musik hören oder seine Lieblingsserie gucken. Die Tresenmitarbeiter erhalten mehrfach pro Woche die Frage, ob man sich Ohrstöpsel auch im Studio kaufen oder leihen könne. Bei Leihohrstöpsel wäre es schwierig sie hygienisch sauber zu erhalten, doch Ohrstöpsel in den Verkauf aufzunehmen würde die Zielgruppe, die viel Ausdauereinheiten betreibt, sehr ansprechen und auch Zusatzumsätze garantieren. Im Cardio-Bereich könnten Werbeschilder für dieses neue Angebot ausgehangen werden.

Um den Kursbereich zu fördern könnten Aktionsweise 10er Karten nur für Kurse verkauft werden. Es gibt für die gesamte Studionutzung bereits 10er Karten, die den meisten „Nur-Kurs-Kunden" allerdings zu teuer sind und die deshalb gar nicht bei uns trainieren. Aktionsweise 10er Kurs- Karten zu verkaufen, für einen günstigeren Preis als die allgemeinen 10er Karten, könnte die Popularität der Kurse steigern und evtl. Neukunden mit sich bringen. Diese könnten aktiv beworben werden, auf unserer Facebook-Seite, im Internet, per Werbeplakate und Mundpropaganda.

3   Teams, Motivation & Führung

3.1   Teamentwicklung

In der folgenden Tabelle werden Maßnahmen dargestellt, wie der Teamleiter in den verschiedenen Teamentwicklungsphasen unterstützend agieren kann.

Tab. 4: Teamentwicklungsphasen nach Tuckmann (1965)

Phase	Beschreibung der Phase	1. Maßnahme	2.Maßnahme
Forming	In dieser Phase lernen sich die Gruppenmitglieder kennen, sind höflich, gespannt und vorsichtig	Aufgaben und Ziele der Arbeit klar vorstellen.	Kennenlernspiele veranstalten, damit das Team nicht mehr so unpersönlich ist.
Storming	Hier herrscht großes Konkurrenzverhalten und Aggressivität, da verschiedene Vorgehensweisen aufeinander treffen. Hohe Gefahr der Stagnation.	Rollenstrukturen dem Team klarmachen, damit weniger Diskussionen und Uneinigkeiten herrschen	Ansprechpartner sein und motivieren, schlichten.
Norming	Entwicklung neuer Umgangsformen und Verhaltensweisen. Das Team geht aufeinander zu und arbeitet besser zusammen.	Zusammenführung verschiedener Standpunkte und ein „Wir-Gefühl" schaffen.	Lösungen finden, in denen es keine Verlierer wie weit die Gruppe schon gekommen ist.
Performing	Nun wird effektiv an Aufgaben gearbeitet und es herrscht Rollenklarheit, gute Atmosphäre und Ideenreichtum. Das Team ist flexibel, leistungsbereit und solidarisch.	Team beobachten und unterstützen. Eventuell offene Fragen klären.	Alle gleich viel loben, um positive Gefühlsebene zu wahren und einige Aufgaben abgeben, um die Selbstständigkeit des Teams weiter zu fördern.

In der Phase 2, der Storming Phase, ist der Teamleiter besonders gefordert. Wie der Name „Storming" schon vermuten lässt, gibt es in dieser Phase am meisten „Unwetter", da sehr emotional agiert wird. Es existieren viele Konfrontationen, Rivalitäten und Konkurrenzverhalten. Das Team kommt nur mühsam und unkollegial voran. Hier muss der Teamleiter dauerhaft präsent und ansprechbar sein, sowie schlichtend und motivierend reagieren können. Er muss die Diskrepanzen richten und es schaffen, dass das Team sich zusammen wieder vorwärts entwickelt, um in die Norming Phase zu gelangen.

3.2 Motivation

„Gruppenprovisionen sind in der Fitnessbranche die beste Möglichkeit die Mitarbeiter im eigenen Unternehmen dauerhaft zu motivieren."

Um diese Aussage zu unterstützen oder zu widerlegen, muss man zunächst die Vor- und Nachteile von Gruppenprovisionen überdenken.

Im Gegensatz zu Einzelprovisionen wird bei Gruppenprovisionen die gesamte Gruppe für eine Leistung belohnt, was bei dieser Art der Motivation passieren kann, ist das sich einzelne Gruppenmitglieder auf den Leistungen der anderen ausruhen und nicht zur Gesamtleistung beitragen, sich aber dennoch dafür auszahlen lassen. Bei einer derartigen Dauereinstellung ist es einerseits dem restlichen Team gegenüber unfair und andererseits kann es Unmut und Ärger zwischen dem arbeitenden Teil und dem sich ausruhenden Teil der Gruppe geben.

Desweiteren werden extra gute Leistungen nicht besonders gewürdigt oder gehen sogar in der Gruppe unter, sodass entsprechende Mitarbeiter, die sich viel Mühe zum Aufstieg z.B. geben, evtl. in dem Gruppenkollektiv untergehen und nicht gefördert werden können. Dies kann wiederum zur Demotivation und schlechteren Arbeitsergebnissen führen.

Im Gegenzug wird der Teamzusammenhalt vorrangig mehr gestärkt, da alle versuchen an einem Strang zu ziehen, um möglichst viel Provision zu bekommen. Sie pushen sich im Team untereinander, um besser zu arbeiten, mehr Abschlüsse zu erzielen oder bringen sich untereinander aus Eigeninitiative Fachwissen bei und fördern somit gleichzeitig die Qualität des Teams.

Durch den Antrieb, dass die gesamte Gruppe eine Provision für erbrachte Leistungen bekommt, gibt es weniger Rivalitäten und „Best-Rang-Listen" Kampf innerhalb des Teams. Da derjenige, der sehr gut im Verkauf, aber schlecht als Trainer, genauso viel Wert ist, wie der Kurstrainer, der aber schlecht im Verkauf ist, existiert im Team eine Hierarchielosigkeit.

Das Fazit hierzu ist demnach, dass Gruppenprovisionen tatsächlich die beste Möglichkeit sind die Mitarbeiter dauerhaft zu motivieren, da mehr Einheit und Harmonie im Team herrscht. Die Mitarbeiter sind das wichtigste Kapital für das Unternehmen und sollten daher auch am meisten motiviert und zu einer gut funktionierenden Einheit ohne Hierarchiestufen geformt werden.

3.3 Führung

Im Fallbeispiel 1 handelt es sich um den direktiven Führungsstil, da der Chef absoluten Gehorsam fordert und viel kontrolliert. Dieser Führungsstil kann bei Krisensituationen oder einfachen, gradlinigen Aufgaben angewendet werden, findet aber bei motivierten Mitarbeitern weniger Zuspruch. Wie in dem Beispiel auch gesagt wurde, wird bei minimaler Abweichung der Aufgabenausführung direkt bestraft und es werden keine Ideen oder neues Know-how von den Mitarbeitern angenommen. Der Chef ist äußerst stur und scheint zu keinem Kompromiss bereit, was auf Dauer zu Demotivation der Mitarbeiter und schlechten Arbeitsklima führen kann.

Das Fallbeispiel 2 wird gekennzeichnet durch den affiliativen Führungsstil. Der Chef arbeitet viel mit den Mitarbeiter zusammen und ist Harmoniebedacht. Ihm ist es äußerst wichtig, dass jeder Mitarbeiter wert geschätzt wird und sich frei entfalten kann, was den affiliativen Führungsstil wieder kennzeichnet. Da die Ziele des Unternehmens sind, zusammen, mit einem tollen, funktionierenden Team groß zu werden, ist dieser Führungsstil hier sehr sinnvoll und motiviert die Mitarbeiter gerne zur Arbeit zu kommen. Desweiteren können bei einem so einem hohen Zusammenhalt Probeme leichter und schneller gelöst werden.

4 Controlling

4.1 Kennzahlen im Vertrieb

Im folgenden werden verschiedene Rechnungen zu Durchschnitten und Quoten durchgeführt, die dazugehörigen Ausgangsformel findet man unter im Kapitel 4.2.1 in der Formelsammlung.

Tab. 5: Durchschnittsrechnungen der Mitarbeiterdaten

Mitarbeiter	Durchschnittliche erhobene Daten
Elisabeth	Ø Durchgeführte Beratungen: (62+58+60) / 3 = 60 Beratungen
	Ø Abschlüsse: (29+22+22) / 3 = 25 Abschlüsse
	Ø Telefonanrufe: (115+103+100) / 3 = 106 Telefonanrufe
	Ø vereinbarte Beratungstermine: (91+84+79) / 3 = 85 Beratungstermine
Andreas	Ø Durchgeführte Beratungen: (85+76+74) / 3 = 79 Beratungen
	Ø Abschlüsse: (73+67+65) / 3 = 69 Abschlüsse
	Ø Telefonanrufe: (112+126+120) / 3 = 120 Telefonanrufe
	Ø vereinbarte Beratungstermine: (89+96+86) / 3 = 91 Beratungstermine
Anne	Ø Durchgeführte Beratungen: (41+40+43) / 3 = 42 Beratungen
	Ø Abschlüsse: (35+36+36) / 3 = 36 Abschlüsse
	Ø Telefonanrufe: (196+182+183) / 3 = 187 Telefonanrufe
	Ø vereinbarte Beratungstermine: (71+82+84) / 3 = 79 Beratungstermine

Tab. 6: Quotenrechnungen zu den Mitarbeiterdaten

Mitarbeiter	Rechnungen zu den erhobenen Daten
Elisabeth	Telefonquote: (85/ 106) x 100 ≈ 80,2 %
	Termineinhaltungsquote: (60/85) x 100 ≈ 70,6 %
	Abschlussquote: (25/60) x 100 ≈ 41,6 %
Andreas	Telefonquote: (91/ 120) x 100 ≈ 75,8 %
	Termineinhaltungsquote: (79/91) x 100 ≈ 86,8 %
	Abschlussquote: (69/79) x 100 ≈ 87,3 %
Anne	Telefonquote: (79/ 187) x 100 ≈ 42,2 %
	Termineinhaltungsquote: (42/79) x 100 ≈ 53,2 %
	Abschlussquote: (36/42) x 100 ≈ 85,7 %

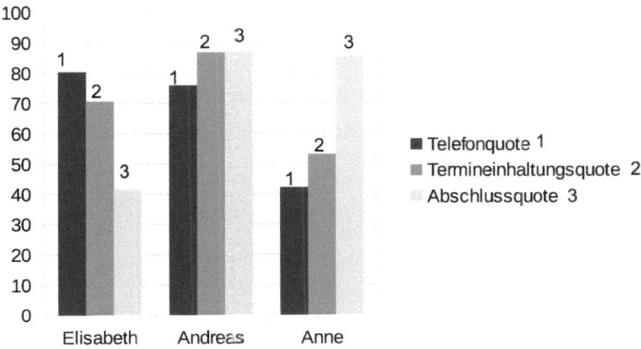

Abb. 1: Quartalsquoten der Mitarbeiter

Wie aus den oben berechneten Quartalskennzahlen hervorgeht, ist die Abschlussquote von Elisabeth viel zu niedrig, wohingegen Anne zwar eine gute Abschlussquote hat, dafür aber auch wenig telefoniert und die Termine bei ihr nicht gut eingehalten werden. Grund für diese negativen Bilanzen können fehlende Erfahrung und Wissen, sowie Demotivation sein. Da Andreas als „Benchmark" gilt, sollten die anderen Vertriebsmitarbeiter soweit gepusht und fortgebildet werden, dass sich ihre Kennzahlen denen Andreas' annähern. Um die Mitgliederzahlen zu erhöhen, müssen mehr Telefonate und Termine eingeplant werden, woraus wiederum durch strukturierte Verkaufsgespräche mehr Abschlüsse resultieren sollten.

Eine Maßnahme, um die Kennzahlen des Unternehmens zu verbessern, wäre ein strukturiertes Controlling einzuführen und regelmäßig die Unternehmenszahlen zu kontrollieren. Die Mitarbeiter bekommen einen Handlungsplan und bewährte To-Do-Listen an denen sie sich orientieren können und sollen. Durch die Kontrolle der Zahlen, kann rechtzeitig bei negativen Bilanzen eingegriffen und gehandelt werden. So werden Schwachstellen im Unternehmen beseitigt und das Wachstum gefördert.

Weitere Maßnahmen wären, die Mitarbeiter entsprechend fortzubilden und ihnen Handlungssicherheit zu geben. Da bei Elisabeth die Abschlussquote viel zu gering, ihre Telefonats- und Termineinhaltungsquote aber ausreichend sind, muss sie Schulungen für das Verkaufsgespräch erhalten und gegebenenfalls Rollenspiele durchführen, damit sie mehr Sicherheit für ihr Auftreten und das Kundengespräch hat.

Bei Anne ist zwar die Abschlussquote verhältnismäßig hoch, allerdings fallen ihre Telefonate und die Termineinhaltungsquote auch sehr gering aus. Bei ihr könnte nicht nur fehlendes Wissen oder Handlungssicherheit das Problem sein, sondern eventuell auch die Motivation. Herauszufinden ist, warum sie so wenige Telefonanrufe führt und warum nur an die Hälfte ihrer Termine stattfinden. Dementsprechend kann mit Motivationsarbeit, wie z.B. Provisionen für Abschlüsse dagegen gearbeitet werden.

Auch wäre zu überlegen, ob Andreas sein Wissen an seine Vertriebsmitarbeiter weitergeben kann, da er mit ihnen bereits bekannt ist und ihre Arbeitsweise kennt.

Je motivierter und qualifizierter die Mitarbeiter des Unternehmens sind, desto schneller kann sich der Vertrieb auch verbessern.

4.2 Fluktuationsquote

Durchschnittlicher Mitgliederbestand: $(3650 + 4004) / 2 = \underline{3827\ \text{Mitglieder}}$

Fluktuationsquote (Fq): $(846 / 3827)* 100 = \underline{22,1\%}$; Fq nun um 5% senken = 17,1%

Kündigungen nach Fq-Senkung: $(X / 3827)* 100 = 17,1\ |*3827\ | /100$; nach X auflösen

$$X = (17,1 / 100)*3827 = 654,4 \approx \underline{655\ \text{Personen}}/\ \text{Kündigungen}$$

Jahresmehrumsatz: Abgänge vorher – Abgänge nach neuer Fq = gehaltene Kunden

$846 - 655 = \underline{191}$ gehaltene Kunden; zahlen Monatsbeitrag von $\approx 50€$

$191* 50€ = \underline{9550€}$ mehr Umsatz pro Monat; auf das Jahr hochrechnen; *12 Monate

$9550* 12 = \underline{114.600€}$ Jahresmehrumsatz

Die gesenkte Fluktuationsquote bringt dem Unternehmen einen Jahresmehrumsatz von 114.600 € ein.

4.2.1 Verwendete Formeln

Tab. 7: Formelsammlung (nach Plünnecke & Schlaffke, 2017, S. 77 - 80)

Telefonquote	(Anzahl der vereinbarte Beratungstermine/ Anzahl Interessentenanrufe) x 100
Termineinhaltungsquote	(Anzahl der erschienenen Beratungstermine/ Anzahl der vereinbarten Beratungstermine) x 100
Abschlussquote	(Anzahl der abgeschlossenen Mitgliedschaften / Anzahl der durchgeführten Beratungen) x 100
Ø durchgeführte Beratungen, Ø Abschlüsse, Ø Telefonanrufe, Ø vereinbarte Beratungstermine	(Zahlen aus Jan., Feb. und Mär. Summieren) / 3
Ø Mitgliederbestand	(Anfangsbestand 01.01 + Endbestand 31.12) / 2
Fluktuationsquote	(Anzahl der Abgänge / durchschnittlicher Mitgliederbestand) x 100

5   Literaturverzeichnis

Plünnecke, A. & Schlaffke, W. (2017) *Studienbrief Verkaufsmanagement – Professio neller Verkauf* (rev.17.021.000) Saarbrücken: Deutsche Hochschule für Präventi on und Gesundheitsmanagement

Plünnecke, A. & Schlaffke, W. (2017) *Studienbrief Verkaufsmanagement – Psychologi sche Grundlagen im Verkaufsmanagement* (rev.17.021.000) Saarbrücken: Deut sche Hochschule für Prävention und Gesundheitsmanagement

Plünnecke, A. & Schlaffke, W. (2017) *Studienbrief Verkaufsmanagement – Controlling im Verkauf* (rev.17.021.000) Saarbrücken: Deutsche Hochschule für Prävention und Gesundheitsmanagement

Plünnecke, A. & Schlaffke, W. (2017) *Studienbrief Verkaufsmanagement – Teammana gement* (rev.17.021.000) Saarbrücken: Deutsche Hochschule für Prävention und Gesundheitsmanagement

6   Abbildungs- und Tabellenverzeichnis

6.1 Tabellenverzeichnis

Tabellenverzeichnis

6.2 Abbildungsverzeichnis

Abbildungsverzeichnis